« Pour les classes supérieures, la Commission a cru devoir se préoccuper
« gravement des difficultés et des dangers qui attendent nos Élèves à leur entrée dans
« le monde. Les lectures les plus sérieuses et les plus utiles que l'on puisse alors
« leur conseiller sont incontestablement les lectures historiques, et nul n'ignore
« l'esprit anti-catholique qui est comme l'âme des ouvrages les plus célèbres en ce
« genre. Il est donc nécessaire de prémunir nos Élèves contre ce danger. Aussi
« la Commission regarde-t-elle comme d'une haute utilité un enseignement supérieur
« qui reprenant et enchaînant les principaux faits de l'Histoire et surtout les
« plus défigurés par les ennemis de l'Église depuis la création jusqu'aux premières
« années de ce siècle, les présenterait à nos Élèves avec leur véritable caractère,
« et en les soumettant à une appréciation catholique. Mais pour diriger ce travail
« des professeurs et les empêcher de s'égarer, un programme imprimé serait indis-
« pensable. A la série des questions à étudier, l'auteur devrait joindre autant
« que possible, l'indication des développements les plus importants et des ouvrages
« consciencieux qui lui sembleraient avoir traité le sujet avec plus de science et
« d'esprit chrétien. »

R. Le programme qui va suivre est un premier essai pour répondre à la
pensée de la Commission. Plusieurs des questions que nous avons proposées peuvent
être omises suivant les lieux et les circonstances, et l'ordre que nous avons adopté
peut être modifié. Bien d'autres questions, bien d'autres sources seraient à
indiquer encore. Les Professeurs chargés du cours supérieur dans nos différents

Collèges sont priés de noter avec soin les erreurs qu'ils rencontreront, les questions qu'il leur paraîtrait utile d'ajouter, les sources particulières où ils auront puisé avec avantage, et de renvoyer à la fin de l'année à Vaugirard leur exemplaire ainsi corrigé. De cette manière ce programme deviendra l'œuvre de tous ceux qui s'occupent spécialement de l'enseignement de l'Histoire, l'expérience de tous sera profitable à chacun, la pensée de la Commission sera mieux remplie, et nous pourrons espérer de prémunir plus efficacement nos Élèves contre les erreurs de la science anti-catholique.

Cours d'Histoire pour les hautes Classes.

Programme.

1.er Siècle de l'ère Chrétienne.

Depuis Auguste jusqu'aux Antonins 1 _ 96.
Depuis la naissance de J. C. jusqu'au pontificat de S.t Évariste 100.

I

1.° Division de ce cours d'histoire :

Histoire ancienne depuis la création jusqu'à J. C. ; Histoire moderne depuis J. C. jusqu'à nos jours.

V. Fr. Schlegel : Philosophie de l'Histoire T. II p. 10 = Bossuet Hist. univ. 2.e partie c. 9, 15, 19, 20. (J. C. attendu, J. C. venu : il est le centre auquel tout se rapporte).

2.° Comment se fait-il que l'ère chrétienne commence 4 ans avant la naissance de J. C. ?

Erreur de Denis-le-Petit consacrée par le temps.

V. Palma S. J. : Praelectiones Historiae ecclesiasticae T. 1. c. 1 = Ed. Dumont : Histoire romaine et précis de l'Histoire des Empereurs c. X, p. 81, note = Art de vérifier les dates, 1.er volume.

3.° Trois grands faits résument l'histoire de l'Empire romain depuis sa fondation jusqu'à sa chute :

a. Décadence politique et morale de l'ancien monde

b. Lutte impuissante contre le christianisme.

c. Lutte impuissante contre les Barbares.

II

1°. Au moment où J. C. parut, l'Orient et l'Occident étaient dans l'attente du Rédempteur.

V. Bossuet Hist.ᵉ Univers.ˡᵉ = Rohrbacher, H.ᵗ Univ.ˡˡᵉ de l'Église cath.ᵍᵘᵉ IV. 272. — Suétone, Vespasien = Tacite. Hist. V, 13 = Josèphe VII, 12. = Fr. de Champagny, les Césars t. II, p. 454 et 457, sur l'universalité des prophéties qui annonçaient le christianisme.

2°. Auguste donne au monde la paix que les prophètes avaient annoncée.

V. Baronius, Annales eccl.ᵉ t. 1 p. 4 N.ᵒ X.

3°. Dessein de la Providence en fondant l'unité romaine.

Préparer l'unité chrétienne. — V. Bossuet H.ᵗ Univ.ˡˡᵉ 3ᵉ. partie, ch. 1 = S. Leo. sermo primus in natali apost. Petri et Pauli.

4°. État général de l'Empire romain, à la naissance de J. C.

V. Dumont, H.ᵗ romaine = Fr. de Champagny, les Césars, t. 1 = Bossuet, H.ᵗ Univ.ˡˡᵉ 3ᵉ. p. C. 6 = Lesage, Atlas.

5°. Jusqu'où Rome a poussé ses armées, ses voyageurs et son Commerce.

V. Fr. de Champagny t. II p. 61.

III

1°. Caractère de la Monarchie établie par Auguste.

Montrer comment la République semble se survivre dans les titres des anciennes magistratures républicaines dont Auguste est revêtu ; comment il il doit à celui de Tribun la principale puissance (le veto, l'inviolabilité); comment, malgré l'autorité réservée en apparence au sénat, l'armée, les finances, la justice, la religion, tous les corps de l'État et toutes ses ressources dépen:=dent de la volonté d'un seul homme .

V. Bossuet, H^{re} univ^{elle} 3e p. C. 6 et 8 = Ed. Dumour=Fr. de Cham:=pagny = Egger; Examen critique des historiens anciens de la vie et du siècle d'Auguste. = Lenain de Tillemont, Hist^{re} des Empereurs = Tacite, annales= Suétone, vie d'Auguste. = Dion Cassius, H^{re} romaine 52.56.

2. Quel but Auguste se propose-t-il dans ses guerres ?

Il s'efforce de fixer les limites que Rome ne doit point franchir. Il veut assurer les frontières de l'Empire et prémunir ses successeurs contre l'esprit de conquête.

V. Fr. de Champagny, E. II, p. 51 = V. dans les différents historiens l'organisation de l'armée, les camps retranchés, les stations sur les frontières.

3. Désastre de Varus.

Montrer comment il justifie la politique d'Auguste, en annonçant à l'Empire ce qu'il doit craindre des Barbares.

V. historiens déjà cités .

4. Tentative impuissante d'Auguste pour régénérer l'Empire.

Rappeler les lois qu'il porte afin d'arrêter la décadence des mœurs et de la religion; la loi Papia Poppæa surtout.

Comment les poètes Ovide, Virgile, Horace lui viennent en aide.

Mais ces poètes, Horace et Ovide surtout, exercent aussi une influence bien contraire.

Et les exemples de la famille impériale elle-même démentent bien les efforts d'Auguste.

V. Fr. de Champagny, les Césars, T. 1 p. 195 &. = Dézobry, Rome au siècle d'Auguste — Ed. Dumont = et les histoires déjà citées.

5. Auguste a-t-il mérité le nom de Père de la patrie ?

V°. Fr. de Champagny, les Césars, T. 1. p. 178.

6. Auguste a-t-il mérité de donner son nom à son siècle ?

Voyez Dézobry, Rome au siècle d'Auguste = Fr. de Champagny T. 1 = V° les divers cours d'histoire littéraire.

7. Vieillesse désolée d'Auguste, qui voit mourir tous ses enfants = Rapprochement à faire avec Louis XIV. = Comment l'héritage d'Auguste passe-t-il à Tibère, 14 ans après J.C. ?

V. Suétone, Auguste. = Tacite, annales 1.10 = Histoire de Louis XIV par Pellisson. = Mémoires de St Simon.

IV

1°. Règne de Tibère (14, 37) = Caractère de son administration et de sa politique: Bienfaits envers le peuple ; ruse et tyrannie avec les Grands. = Peut-on comparer Tibère et Louis XI ?

V. Tacite, Annales = Velleius Paterculus = Tillemont = Ed. Dumont = Fr. de Champagny. = Duclos, Histoire de Louis XI.

2. Influence des Délateurs.

V°. Tacite, Annales, IV. 34 = Fr. de Champagny, les Césars, T. 1, p. 238, 346, 466, 468.

3. Politique des Romains avec les Barbares. = Germanicus et Drusus en Germanie. = Germanicus en Orient.

V°. Tacite, Annales, 11. 16 = Ed. Dumont = Fr. de Champagny, 11. 57.

4. Mort de Germanicus. = Peut-on l'imputer à Tibère ?

V. Tacite, Annales, II, 69, 72 = Tillemont, III 4, 8, 9 &. = Fr. de Champagny I, 223 = Éd. Dumont, Hʳᵉ romaine, 8ᵉ cahier.

5. Séjan, sa fortune, sa politique, sa mort.

V. Tacite, Annales.

6. Tibère à Caprée, et J.-C. sur le Calvaire.

V. Éd. Dumont, Hʳᵉ romaine, 8ᵉ cahier.

V

Jésus-Christ.

(Laisser au Cours des Conférences religieuses ce qui regarde N. S., sa divinité, sa mission, sa doctrine, sa vie, sa mort, sa résurrection = Quelques questions cependant semblent mieux convenir au Cours d'histoire.)

1. Les principaux faits de l'Évangile reconnus par les juifs, les payens et les mahométans = Célèbre passage de l'historien Josèphe sur Jésus.

V. Rohrbacher, Hʳᵉ Universelle de l'Église catholique, IV, 268, 271.

2. Jésus devant Caïphe et Pilate. = Iniquité de la procédure des Juifs contre Jésus.

V. Réfutation de Salvador par Dupin aîné (Migne. Démonstrations évangéliques, T. XVI) = Fleury, Hʳᵉ de l'Église T. 1 p. 69 : Lettre de Pilate à Tibère.

3. L'Église fondée = Primauté de Pierre = Concile de Jérusalem, modèle des Conciles qui se tiendront après.

V. Bossuet, Hʳᵉ Universelle, 2ᵉ partie, Ch. 20, = Rohrbacher, Hʳᵉ de l'Église, T. IV, p. 278 = S. François de Sales, Controv. Disc. XLII, = Rohrbacher, IV, 330.

4. Dispersion des Apôtres = Propagation du Christianisme.

V. Baronius, Annales eccl. T. 1, p. 294 = Fleury = Rohrbacher = Fr. de Champagny, T. 1, 329.

5. Contraste entre les mœurs des premiers Chrétiens et celles des Romains payens.

V. Fleury, Mœurs des Chrétiens = Fr. de Champagny = Rohrbacher, IV, p. 448 : lettre à Diognète = V. Baronius, 75, XI. 57, XXV-43, XIV-75, X I-57, CXXXV, c XXXVIII-44, LXXII-75, XV.

6. Différents noms donnés aux Chrétiens.

V. Baronius 43. XI, XIV. 98. III.

VI

1. Caligula (37. 41) = Cruautés et folies = Puissance des Prétoriens = Les Juifs persé-cutés = Caligula veut être adoré comme un Dieu = Réaction républicaine : Chéréas.

V. Tacite, Annales = Tillemont = Éd. Dumont = Fr. de Champagny, T. I, 304, 322 = Baronius, 40, XII.

2. Claude (41-54) = Ses travers et sa faiblesse = Influence de Messaline et des Affranchis = Les Druides persécutés ; conquête de la Bretagne = Trois nouvelles provinces romaines = Importance politique du discours prononcé à Lyon par Claude = Agrippine prépare l'avènement de Néron = Les Juifs chassés de Rome reviennent après la mort de Claude.

V. Tacite, Annales = Tillemont = Éd. Dumont = Am. Thierry, les Gaulois = Fr. de Champagny, T. 1, p. 376 : le Discours de Claude à Lyon = Montesquieu, Grandeur et Décadence, C. XV = Baronius, Annales : 51-I. 56-XLII.

3. Néron (54-68) = Son éducation = Quinquennium = Histrion, cocher, magicien = Folies et cruautés = Expéditions glorieuses de Suétonius Paulinus en Bretagne

et de Corbulon en Orient = Voyage de Néron en Grèce = Victimes de Néron : Britannicus, Agrippine, Sénèque, Lucain, Thraséas, Corbulon, &. &.

V. Tacite, Annales et Histoires = Tillemont = Ed. Dumont = Fr. de Champagny.

V. Baronius, Annales eccles. 56 – XLVIII. 57 – CCXIII. 61 – X. 64 – XIV. 67 – IV. 66 – VI. 68 – XIII, XXVI, XXVII, XXVIII.

4: Incendie de Rome rejeté sur les chrétiens, ordonné par Néron.

V. Tacite, Annales, I. 15 = Sulpice Sévère, Historiæ sacræ, L. 2, C. 29 = Baronius et Pagi, 66 – I, II, VII = Tillemont = Ed. Dumont = Fr. de Champagny.

VII.

1. Quels progrès le Christianisme a-t-il faits déjà au temps de Néron ? = Apostolat de S. Paul = Importance de la nouvelle religion dans Rome même.

V. Tacite, Annales, XI, 15 ; XV, 44 = Suétone, Néron, 16 = Sulpice Sévère, II = Baronius = Rohrbacher = Ed. Dumont = Fr. de Champagny, les Césars, T. 1, p. 450 &, et T. 11, p. 474 et 463 = Act. Ap. passim = Rom. XV, 19.

2. S. Pierre est-il vraiment venu à Rome ? En a-t-il été le 1er évêque, ou cet honneur revient-il à S. Paul ?

V. Palma, Prælectiones historiæ eccl., T. 1, C. 6 et C. 7 = Noel Alexandre 1er siècle, dis. XIII = Baronius, 44 – XXV = Barruel, du Pape, T. 1, p. 148 = Eusèbe, Chron. C. 44.

3. S. Pierre et S. Paul : y eut-il entre eux antagonisme de doctrine ?

V. Gorini, Défense de l'Eglise, T. 1, C. 1 ; Réfutation d'Ed. Quinet = V. Baronius, Ann. 61 – V.

4. S. Pierre et Simon-le-Magicien = Simonie = Simon, le 1er des hérésiarques. Il s'élève dans les airs et tombe à la prière de S. Pierre.

1º. Baronius, 35. XXII, XXIII, XXIV, XXV. 68.XIV, XXII.68.XVI = Palma, Prælectiones Histor. eccl.ca, T. 1, C. 9 = Noel Alex. 1. Siec = Tillemont = Rohrbacher, IV-449 = Ed. Dumont.

5. Persécutions:

A. Des Causes des persécutions en général; de la cruauté des tourments, et du nombre des martyrs.

1º. Daude, S. J: H.ia univers.lis et Pragmatica romani Imperii, T.1, p. 641; p. 438 = de Riancey, Hist.re du Monde, T. 1, p. 1469, noté pour réfuter Gibbon = Rohrbacher T. V. p. 1 & =

B. Des causes de la 1ère persécution sous Néron.

1º. Baronius, 66-1, 11, V. 69-V. Explications sur l'incendie de Rome et réfutation de Tacite = Tacite, XV, 44, 1, 15. = Tillemont = Rohrbacher.

C. Est-il vrai que les Chrétiens servirent de flambeaux pour éclairer les jardins de Néron ?

1º. Baronius, 66- III, V. VII, VIII.

D. La persécution fut universelle:

1º. Palma, Prælectiones eccles.ca T. 1. C. 4 = Baronius 66, IV: note de Pagi.

E. Martyre de S. Pierre et de S. Paul.

1º. Baronius: 69, III, IV, V, VIII. IX, XVI, XIX. & = Fleury = Rohrbacher = Ed. Dumont.

VIII.

1. Les Chrétiens forcés de se cacher descendent dans les Catacombes. Le Christianisme cependant continue de se développer et de travailler à la régénération du monde.

1º. Baronius, 78 = Fr. de Champagny 1. 455. 329 - T. 1, 332: Du reproche de _Seqnities_ fait aux Chrétiens.

2. Impuissance des Empereurs, du Sénat, de la philosophie aussi bien que de la religion payenne pour cette œuvre de régénération.

V. Ed. Dumont = Rohrbacher, IV. 312 = Fr. de Champagny, II. 381 et I. 492 : Inhumanité et corruption générale : II. 195, 202, 205 : Culte des Césars, sacrifices humains ; I. 220 : Éducation ; II. 450 : impuissance du Stoïcisme en parti= =culier = V. Cantu, H^re Univ^lle T. V. p. 80. 100.

3. Sénèque :

sa vie ou conduite et sa philosophie.

V. Tacite, .. / VIII. 42 . XIV-7. 65 . XV. 56 = Rohrbacher. IV. 315 &.

S. Pierre et Sénèque.

V. Rohrbacher, IV. 318 . III, L. 20, p. ..

S. Paul et Sénèque.

V. Greppo : Mémoire sur les chrétiens de la maison de Néron ^ Fleury : St Paul et Sénèque, Recherches sur les rapports du philosophe avec l'apôtre, Jan. 1853 = Fr. de Champagny, II, 467 = Rohrbacher, III. 321 = Baronius 66, XI. XIII.

L'Écriture-Sainte et Sénèque.

V. Fr. de Champagny, II. 546.

4. Apollonius de Tyane = quel jugement il en faut porter.

V. Fleury, L. 1, C. 9, 22. 49 = Rohrb. IV, 373 = Cantu. H^re Univ^lle.

5. Croyance au déclin de l'humanité parmi les Payens.

V. Fr. de Champagny. II. 404.

Découragement = Suicide =

V. Fr. de Champagny, II, 402, 448 = I, 474 = Cantu : Histoire Univ^lle T. V, 85.

IX

1°. Comment les premières hérésies sortirent de la philosophie et de la Cabale = Gnostiques.

V. Ed. Dumont = Döllinger. Origines du Christianisme.

V. Blanc, Cours d'hist^{re} eccl^{que}, T. 1, leçon 3, et leçon 14, p. 115 = Baronius, 35-X, XIII, XX, XXIII, XXIV = Cantù, H^{re} Univ^{elle} V, 576.

2. Le Christianisme peut-il être regardé comme une évolution de la philosophie platonicienne ?

V. l'abbé Gratry, Sophistique contemporaine, réfutation de Vacherot = V. Baltus, Défense des SS. Pères accusés de platonisme. = V. Blanc, H^{re} eccl^{que}, T. 1, leçon XX. = V. Fr. de Champagny, II, 464.

3. L'Eglise est-elle une copie de l'organisation romaine ?

V. Mgr Plantier : Conférences de N.D., 3e conférence.

4. Quelles questions restent à résoudre pour ceux qui rejettent l'origine divine du Christianisme ? = Comment l'Univers a-t-il pu être amené à adorer un juif crucifié, et adorant ce juif crucifié, devenir ce qu'il est devenu ?

V. Fr. de Champagny, II, 476.

V. Rohrbacher, IV, 250 &c ; comm^{ent} du l. 24.

X

1. Le premier pape après S. Pierre est-il S. Clément ou S. Lin ?

V. Palma, Prælectiones hist^æ eccles^æ T. 1, c. 8 ; il explique le texte de Tertullien d'après lequel on a faussement pensé que c'était S. Clément = Baronius, 59-XVIII. 69-XXXV, XLI, XLIII.

2. Le successeur de S. Lin est-il S. Clet ou S. Clément ?

V. Palma, Prælectiones hist^æ eccles^æ, T. 1, c. 8, où il montre que c'est St Clet = Dom Guéranger, Origines de l'Eglise romaine = Baronius, 69-XXXVIII.

3. S. Clet et Anaclet semblent n'être qu'un seul personnage.

V. Palma, T. 1, C. 8 = Noel Alexandre = Tillemont = Cependant Baronius, 69-XXXIX, est d'une opinion contraire = V. aussi Rohrbacher, IV, 457.

XI

1. Il est au moins très-probable que S. Paul est allé avec S. Jacques-le-Majeur prêcher la foi jusqu'en Espagne.

V. Noel Alexandre, Dissert. 1er Sièc. T. IV, p. 160 = Bollandus, T. VI, art. S. Jacques, Dissert^{on} du P. Cuper = V. pour les indications Godescard, 25 Juillet, note.

2. L'Evangile a été annoncé dans les Gaules dès le 1er siècle.

V. Noel Alexandre, Dissert: 1er Sièc. T. IV. p. 165, où il réfute Launoi = Baronius, 98, XXII = Blanc, Cours d'hist^{ie} eccl^{que} T. 1, leçon 8, p. 67.

Le P. Longueval, H^{re} de l'Eglise gallicane, dissertation préliminaire, accorde trop pour cette question aux hypercritiques.

3. Ste Marie-Magdeleine, Ste Marthe et St Lazare à Marseille.

V. Noel Alexandre, 1er Sièc. Dissertation XVII, p. 182 = Baronius, 35, V = Faynon, Hist^{re} de Ste Magdeleine.

4. St Denis l'aréopagité.

Est-il le même que S. Denis de Paris ?

V. Baronius, 98, XXII, 109, XXXVIII = Noel Alexandre, 1er siècle, Dissert. 16.

Est-il l'auteur des ouvrages qui lui sont attribués ?

V. pour l'affirmative, Baronius, 109, 1 = Noel Alexandre, 1er Sièc. Dissert. 22 = Halloix, De vita et scriptis areopagitae = Claude David (bénédictin de St Maur) dissert. Paris, 1702 = Darboy, Dissertation.

XII

1. Galba, Othon, Vitellius (68-69) = Anarchie militaire = Les légions

se disputent l'empire.

V. Tacite = Suétone – Plutarque = Tillemont = Ed. Dumont.

2. Vespasien (69-79) = Josèphe, Tacite et Suétone cherchent vainement en lui la vérification des prophéties accomplies en J.C. = Prétendus miracles de Vespasien.

V. Baronius, 71, VII, VIII, VI, IX // 11. = Tacite, hist. IV, 81, 82 et hist. II, 5 = Fleury, L. II, 32 = Rohrbacher, IV, 456 = Fr. de Champagny, Rome et la Judée.

3. Désastres des Juifs sous Vespasien.

Causes de leurs révoltes continuelles : l'attente d'un futur conquérant ; V. Josèphe, De Bello judaïco, l. 7, c. 12 &. = Rohrbacher, IV, 455 = Fr. de Champagny, Rome et la Judée.

Prophéties de N.S. sur la ruine de Jérusalem.

V. Rohrbacher, IV, 181, 107 = Champagny, Rome et la Judée.

Son terrible accomplissement. Titus obligé de reconnaître qu'il n'est que l'instrument de la Providence.

V. Rohrbacher, IV, 458 & & = Fleury = Bossuet, Hist.re Univ.elle 2e partie, C. 21, 22, 23, 24 = Cantu, Hist.re Univ.elle T. V, p. 160 & = Baronius, 70, VIII, 72, V, VI, IX, X, XI, XVI, XVIII, XXXIV = Fr. de Champagny.

4. L'Empire gaulois, Velléda, Civilis = Comment l'unité romaine triomphe encore = Agricola en Bretagne.

V. Tacite, hist. IV et V passim = Tillemont = Ed. Dumont = Fr. de Champagny, les Césars, T. II, p. 119 = Amédée Thierry = Tacite, Vie d'Agricola.

5. Administration de Vespasien et de Titus = Titus, surnommé les délices du genre humain.

V. Tacite, Histoires = Cantu, Hist.re Univ.elle V, 173 = Baronius, 72, XXXIII, 80, 11, 81, 11 = Ed. Dumont.

6. Domitien (81-96) = Nouveau Néron = Expéditions militaires ridicules = Exactions et cruautés

V. Tacite, Histoires, IV passim = Vie d'Agricola passim = Ed. Dumont = Cantù.

7. 2ᵉ Persécution = Est-il vrai, comme le prétend Dodwell, qu'elle ne fut ni cruelle ni longue ?

V. Palma, Prælectiones hist. eccl. T.1, c. 5 ; la réfutation de Dodwell = V. Eusèbe, l. III, Hist. eccles IIIᵉ c. 17, 18, 19, 20. N. Eusèbe, au chap. 20, remarque que Domitien comme Hérode craignait que J.C. ne vînt pour le détrôner = V. P. Orose, l. 7, c. 10 = Baronius, 89, 11.93, IV. 97, VII. 93, 111. = Daude, S.J., Hist. univ. T.1, 298.

www.ingramcontent.com/pod-product-compliance
Lightning Source LLC
LaVergne TN
LVHW010911180726
843502LV00010B/4098